Pensamientos y otros poemas

D.H. Lawrence
Pensamientos y otros poemas

Selección y traducción
de Rafael Cadenas

Galaxia Gutenberg

Edición al cuidado de Jordi Doce

Traducción del inglés
Rafael Cadenas

Publicado por
Galaxia Gutenberg, S.L.
Av. Diagonal, 361, 2.º 1.ª
08037-Barcelona
info@galaxiagutenberg.com
www.galaxiagutenberg.com

Primera edición: octubre de 2025

Preimpresión: Maria Garcia
Impresión y encuadernación: Romanyà-Valls
Plaça Verdaguer núm. 1, (08786), Capellades
Depósito legal: B 9560-2025
ISBN: 979-13-87605-63-6

Prólogo

David Herbert Lawrence, el hombre que con sus novelas, cuentos y ensayos escandalizó a tantos en su época, nació el 11 de septiembre de 1885 en Eastwood, pueblo de Nottingham (Inglaterra). Era hijo de un minero y una maestra de escuela, a cuya profesión él mismo se dedicará a partir de 1902, cuando apenas tenía diecisiete años; pero tendrá que dejarla en 1911, por suerte para la literatura, debido a una grave enfermedad. Ya entonces, a los veintiséis años, había publicado una novela, *El pavo real blanco* [*The White Peacock*] y poemas en *The English Review*. Un año más tarde conoce a Frieda Weekley von Richthofen –tal era su nombre de soltera–, quien estaba casada con un profesor universitario del que se separa a fin de vivir con Lawrence, inicialmente en Alemania. Tal es el tema –el argumento, lo llama él– de *¡Mira, lo hemos logrado!* (1919), ciclo de poemas del cual he traducido solo una parte.

La relación entre Lawrence y Frieda distó mucho de ser apacible. Esa noción idílica tan común sobre la pareja no encontraría en esta ningún apoyo, pues reñían mucho y a veces hasta cuando había personas presentes, sin que faltaran, por supuesto, períodos de normalidad y aun de dicha, algo que, según Anthony Burgess, olvidan los que solo destacan los momentos de violencia. De todo esto hay trazas en los poemas.

Los enfrentamientos empezaron temprano. A Frieda le afectaba el conflicto de tener que dejar a sus tres hijos en Inglaterra para estar con Lawrence en Alemania. De ahí las invectivas de él contra la maternidad en algunos de sus poemas, pero lo que en realidad hacía difícil su convivencia era el carácter de Lawrence. Él era dominante y ella no se dejaba avasallar. «Casi me he matado en el combate por conectarte conmigo y con otras gentes […] hace tiempo me probé a mí misma que yo puedo amar, pero nunca tú […] conozco tu secreto, y tu desesperación», le dice Frieda en una carta. Él, por su parte, ve en el ciclo de poemas un conflicto de amor y odio. Su tragedia, según Middleton Murry, se debía a que era «terriblemente dependiente de una mujer, y por saberlo muy bien fue desdichado, y creó la imagen de independencia mutua. Frieda lo conocía. Y es por eso que sus dardos tenían un efecto tan devastador –siempre daban en el blanco con mortal exactitud. Ella conocía sus puntos débiles… Cuando se burlaba de su filosofía o criticaba su trabajo, a quien agredía era al hombre que la había defraudado». Al menos ese había sido su sentir de mujer. Nada de esto constituye una novedad en las parejas. ¿No sería de situaciones así que Rilke huía hacia su inexpugnable soledad?

Lawrence siempre ha sido vinculado con el sexo, y es verdad que su misterio lo fascinaba, pero lo esencial para él era la vida, el cuerpo, el cuerpo sagrado, el presente eterno, que hoy como nunca antes son objeto de una valoración inusitada que ya forma parte del espíritu de este tiempo. Ocurre pues una coincidencia que le confiere actualidad a Lawrence.

«Es angustioso –dice Henry Miller– ver cómo ese hombre anduvo gritando por todas partes ¡más vida! ¡Más vida vívida!». Clamor que, a mi ver, significa vivir sintiendo verdaderamente la vida en uno y fuera de uno. De Miller, que tuvo mucha afinidad con Lawrence, son también estas palabras que apuntan a interpretarlo: «Debemos librarnos de nuestro sentimiento de culpa y volvernos de nuevo *religiosos*… ¡Vive ahora en la carne! Realiza todo deseo. Pon en juego los más profundos instintos, el hambre más profunda por el espíritu viviente. Esa es nuestra hambre. Por la llama de la vida. Por la vida con significado. […] Porque su mensaje fue: Disfruta plenamente toda experiencia [*Enjoy all experience to the fullest*]».

«Todos somos espectros –escribe Lawrence poco antes de morir–, no hemos sido capaces de tocar siquiera una manzana. Somos espectros unos para otros. Eres espectro para mí, espectro soy para ti. Y por sombra quiero decir idea, concepto, realidad abstracta, ego. No somos sólidos. No vivimos en la carne. Nuestros instintos e intuiciones están muertos, vivimos envueltos con el sudario de la abstracción. Y tocar algo sólido nos lastima. Pues nuestros instintos e intuiciones, que son nuestras antenas para tocar y conocer a través del contacto, están muertos, amputados». Estas palabras recogen uno de sus planteamientos más representativos.

En su obra asoma Dionisos su rostro. Esto lo señala Miller varias veces en el apasionado libro que escribió sobre él. Me refiero a *The World of Lawrence*, que he releído y utilizado para esta presentación y el cual, habiéndose publicado en 1980, aún no está traducido, hecho que tal vez solo se explique porque ambos escritores, a pesar de su vigencia de fondo, se leen hoy menos que hace algunas décadas.

Lawrence fue sin duda un gran artista para quien el arte no era su principal objetivo; él transciende la literatura.

RAFAEL CADENAS

Pensamientos y otros poemas

de
¡Mira, lo hemos logrado!

(1919)

Pecadores

Las grandes montañas se sienten tranquilas en la luz de
　　la tarde,
　　　　con sombras en la falda;
las abejas giran gozosas en torno al tomillo silvestre.

Nosotros sentados aquí entre los arándanos
　　　　tan tranquilos en la grieta
de la roca, destilando nuestras memorias,

somos pecadores. ¡Extraño! La abeja que tropieza
　　　　conmigo se aleja como riendo.
Una ardilla alza la cabeza sobre la cerca, preguntando
　　sorprendida:

¿Y el pecado? –Pues parece
　　　　que las montañas no tienen
ni sombra nuestra en su nevada frente de sueños

como deberían. Se alzan por encima de nosotros
　　　　soñando
por siempre. Uno hasta podría pensar que nos aman.

Pequeños arándanos rojos mejilla contra mejilla,
dos grandes libélulas luchan cuerpo a cuerpo;
tú, con tu frente que anida
contra mi pecho, y brillante pico luciendo a otro
     pico.

¡Ahí tienes una canción de amor para ti! ¡Ah, si
     no hubiera hormigueantes
enjambres de humanidad en el mundo, y nosotros estu-
     viéramos menos aislados!

Mayrhofen

Frohnleichnam

Llegaste por tus propios pasos, yo por los míos,
cruzaste entre tus gentes, sin preocuparte, hiriéndolas:
yo crucé entre mis gentes, y las herí a pesar de mi cui-
dado.

Pero con segura firmeza, contra todas las oposiciones
llegamos por nuestros propios pasos y nos hemos en-
contrado al fin
en este cuarto.

Aquí el balcón
da a la calle donde los carros de bueyes pasan lenta-
mente
con sus cargas de abedules verde-plata
para la fiesta de Corpus Cristi.

Aquí desde el balcón
miramos el trigo que crece, donde el río verde-jade
pasa entre bosques de pino,
y más allá donde las montañas
azules resplandecen con la nieve y la mañana.

Lo hice: un temblor exultante me atraviesa
como la primera brisa del alba por entre un esbelto
    abedul blanco.
Tú reluces al fin como las cumbres de la montaña cuan-
    do toman
la luz del día y hacen magia en el cielo.

Al fin puedo apartar el mundo, y encontrarte
desenfundada y desnuda y esbelta y blanca;
al fin puedes quitarte inmortalidad, y te veo
brillar con todo el peso del momento y toda tu belleza.

Sin ninguna vergüenza y endurecido te amo;
con indiferencia te amo;
como en juego bailamos,
desde la luz del sol hacia la sombra,
cruzando la sombra hacia la luz del sol,
y otra vez de la luz a la sombra.

Mientras bailamos
tus ojos me absorben todo como una comunión;
mientras bailamos
¡te veo toda!
Solo bailar en triunfo por estar juntos
dos seres blancos, abruptos, vindicados,
brillando y tocándose,
es nuestro cielo, en pleno repudio.

Mutilación

Una espesa capa de niebla descansa sobre el trigo par-
    tido.
Camino con la niebla hasta el cuello, la boca hacia arriba.
Más allá una luna descolorida se extingue.

La noche me espanta.
No me atrevo a voltear.

Esta noche la dejé sola.
Quisieran que la hubiera dejado para siempre.

¡Oh, mi Dios, cómo duele
donde ella está desprendida de mí!

Tal vez regresará a Inglaterra,
tal vez regresará,
tal vez nos hemos dejado para siempre.

Si yo sigo caminando a través de Alemania
llego al Mar del Norte, o al Báltico.

¡Allá está Rusia –Austria, Suiza, Francia–, en un círculo!
Yo, aquí en el fondo de la niebla sobre la carretera bávara.

Duele en mí.
¿Qué es Inglaterra o Francia, a lo lejos,
sino un nombre que ella podría tomar?
No me importa este continente que se alarga, el mar
    remoto;
duele en mí por ella
como agonía de miembros amputados;
ni siquiera es nostalgia,
es solo agonía.

¡Un inválido!
¡Oh, Dios, estar mutilado!
¡Ser un inválido!

¿Y si no la veo más?

Creo que si así fuera
estremecería los cielos con mi horror.
Creo que alteraría el marco de las cosas en mi agonía.
Creo que rompería el Sistema con mi corazón.
Creo que mi convulsión destruiría los cielos.

Ella también sufre.

Pero ¿quién podría forzarla, si me escogiera contra todos ellos?

Ella no me ha escogido definitivamente, ella suspende su elección.

Pueblo de la noche, Tuatha De Danaan, dioses oscuros, gobiernen su sueño,

espectros magníficos de las tinieblas, arrebátenle su decisión en el sueño,

no le dejen alternativa, háganla tender hacia mí, háganlo,

oh Dioses de las vivientes Tinieblas, poderes de la noche.

Wolfratshausen

Humillación

He pasado tanto tiempo solo, tan íntimamente orgulloso,
no me dejes, me despedazaría,
no me dejes.

¿Qué haría si te fueras otra vez
tan pronto?
¿Qué buscaría?
¿A dónde iría?
¿Qué sería yo, yo mismo,
«yo»?
¿Qué significaría este
yo?

No me dejes.

¿Qué debo pensar de la muerte?
Si muriera, no estarías tú:
sería simplemente la misma
falta de ti.
La misma necesidad, en vida o muerte,
irrealización,

la misma locura del espacio,
tú no ahí para mí.

Piénsalo, no me atrevo a morir
por miedo de que me faltes.
Y no me atrevo a vivir.

A menos que hubiera una morfina o una droga.

Soportaría el dolor.
Pero siempre, fuerte, sin cesar
haría de mí un no mí.
Eso que continuaría viviendo con mi cuerpo
no sería yo.
Ni la vida ni la muerte servirían.

Piénsalo, no podría mirar hacia la muerte
ni hacia el futuro:
solo no mirar.
Solo
permanecer tranquilo y atarme y cegarme yo mismo.

¡Dios, no tengo alternativa!
¡Mi propia realización está contra mí
eternamente!
¡La carga del autologro!

¡La carga de la realización!
¡Dios, ella me es *necesaria*!
¡*Necesaria,* y no tengo alternativa!

No me dejes.

Una esposa joven

El dolor de amarte
es más de lo que puedo soportar.

Camino con temor a ti.
La oscuridad comienza donde
tú estás, y la noche viene
a través de tus ojos cuando me miras.

¡Ah, nunca antes vi
las sombras que viven en el sol!

Ahora cada árbol alegre
le da la espalda al sol
y se vuelve hacia el suelo para ver
la sombra que solía evitar.

Al pie de cada esplendor
yace una noche que mira hacia arriba.

Oh, y quiero cantar
y danzar, pero no puedo

quitar mis ojos de las sombras:
están derramadas en torno a la copa.

¿Qué es? –Escucha
el suave, fino bullir en el aire.

Como el hirviente rumor en una concha.
Es la muerte bullendo donde
la flor silvestre sacude su campana
y la alondra centellea azul.

El dolor de amarte
es más de lo que puedo soportar.

Completamente abandonado

¡Qué dolor, despertar y no encontrarte!
   Despertar con el corazón apretado
y la boca que para besarte se tiende.

¡Esto entonces al fin es el alba, y la campana
   suena en la granja! ¡Qué desconcierto
indecible ver el cuarto!

Llueve. Allá en la semioscura carretera
   cuatro labradores pasan con sus guadañas,
abatidos; un cazador lleva su carga:

un rifle, y un ciervo atado, sus paticas
   arracimadas, muertas. ¡Y esta es el alba
por la que yo quería que se fuera la noche!

Abandonado y desamparado

La casa está silenciosa, es tarde en la noche, yo estoy
   solo.
         Desde el balcón
      puedo oír el gemido del Izar,
         ver su blanca hendedura
misteriosa, entre los pinos, bajo un cielo de piedra.
Algunas luciérnagas flotan sin rumbo en el aire,
            pequeñísimas.
      Me pregunto dónde
termina esta oscuridad que me anonada.

Alba de invierno

La gran estrella Sirio
se deslíe sobre el lago;
las estrellas se han ido lejos en su ruta,
¡sin embargo estamos despiertos!

Sin un rumor
el joven año entra
y está a medio camino sobre el lago.
Debemos comenzar

otra vez. Este amor tan lleno
de odio nos ha herido sobremanera,
yacemos lado a lado
detenidos –pero no,

deja que me levante
y me limpie
de este odio–. ¡Tan verde

la gran estrella pasa!
Estoy lavado, completamente limpio,

limpio de todo.
Pero también

estoy tan frío, tan frío y limpio.
¡Ahora se ha ido el odio!
Todo en vano,
estoy helado hasta los huesos,

ahora el odio se ha ido;
nada queda;
estoy puro como hueso, desprovisto
de todo sentimiento.

Desacuerdo

Como quieras.
Toma mis palabras y tíralas
sobre el mostrador;
fíjate si suenan.

Cuela mis miradas y expresiones
y ve cuál es la proporción
de arena en mi dudoso azúcar
de verdades.

Haz un inventario exacto
de mi pecho viril;
averigua si soy solvente o estoy en quiebra,
o me he vuelto en el mejor caso un pobre hombre.

Pues soy del todo indiferente
a tu incertidumbre
sobre si encontraste en mí una fortuna
o un insignificante destino.

Investiga bien
todo lo que hay
y luego, si tiene valor, agradécelo;
si no, desespérate.

Si la desesperación es lo que nos toca,
entonces desesperémonos.
Parezcámonos al sauce llorón.
No me importa.

Un mal comienzo

El amarillo sol sube la cumbre de la montaña
y titubea unos pasos a través del lago.
¿Estás despierta?

Mira, titilando en la mañana sobre el agua azul lechosa
se tiende la dorada pista del sol;
el día ha comenzado.

El sol está en mis ojos, debo levantarme.
Quiero salir, una ruta de oro arde frente
a mi pecho –que está tan dolorido.

¿Qué? ¿Tu garganta está magullada, magullada con
    mis besos?
Ah, pero si soy cruel ¿entonces qué eres tú?
Yo estoy todo magullado.

¿Qué vale que te ame? Este suplicio
de tu insatisfacción y menosprecio
me deja estupefacto.

¡Ah, sí, tus brazos abiertos! ¡Ah, sí, ah, sí,
me acogerías en tu pecho! Pero no,
tú debes venir al mío,
sería mejor así.

Aquí estoy –¡levántate y ven a mí!
No como visitante, ni como una dulce
y encantadora niña toda inocencia, no como
una amante impertinente que cuenta mis pulsaciones.

Ven a mí como mujer que va a casa
del hombre que es su esposo, lo demás
subordinado a esto, que él y ella
están juntos para siempre, como es mejor.

Detrás de mí en el lago oigo el vapor tamborileando
desde Austria. Ahí está el mundo, y aquí
estoy yo. ¿Por dónde vienes?

¿Por qué llora ella?

Cállate entonces.
¿Por qué lloras?
Somos tú y yo
los mismos de antes.

Si oyes un crujido
es solo un conejo
que vuelve a su hueco
deprisa.

Si algo se mueve en las ramas
sobre nuestras cabezas, será una ardilla
inquieta, perturbada
por la tensión de nuestro amor.

¿Por qué tienes que llorar entonces?
¿Tienes miedo de Dios
en la oscuridad?

No le temo a Dios.
Que salga.

Si está encubierto,
que salga.

Ahora en el fresco del día
somos nosotros los que caminamos entre los árboles
y le gritamos: «Dios, ¿dónde estás?»,
y es él quien se oculta.

¿Por qué lloras?
Mi corazón es amargo.
Que Dios se presente ahora
para justificarse.

¿Por qué lloras?
Es *Wehmut, ist dir weh?*
Llora entonces
por la abominación de nuestra vieja rectitud.

Hicimos mal
muchas veces;
pero esta vez comenzamos a hacer bien.

Llora entonces, llora
por la abominación de nuestra antigua virtud.
Dios se mantendrá escondido,
no saldrá.

Los dos lados de la medalla

¿Y porque me amas
tú crees que no me odias?
Puesto que me amas
hasta el éxtasis
se sigue que me odias hasta el éxtasis.

Porque cuando me oyes
bajar a la calle desde la casa
debes venir a la ventana a verme ir,
¿crees que es pura adoración?

Porque cuando me siento en el cuarto
aquí en mi propia casa,
y quieres explayarte con un amigo mío,
amigo como lo es él,
sin embargo no puedes ir más allá de percibirme,
te detiene el estar yo en el mismo mundo contigo,
¿crees que es solo dicha,
pura armonía?

Sin duda, si estuviera muerto, deberías
penetrar en la muerte para buscarme,
pero ¿tu odio no penetraría más frenéticamente que tu
   amor,
tu apasionado, tu inconcluso odio?

Puesto que tienes una pasión por mí,
como yo por ti,
¿no se interpone esa pasión en tu camino como asno de
   Balaam
y no soy yo un asno de Balaam
de ocasional boca de oro?
Pero, sobre todo, ¿no detestas mi rebuzno?

Puesto que estás confinada en mi órbita
¿no tienes horror del confinamiento?
¿Hasta la belleza y paz de una órbita
no es intolerable prisión para ti,
como para todos?

Pero aprendamos a someternos
cada uno de nosotros a la equilibrada órbita eterna
en la que giramos conforme a nuestro destino
en extraña conjunción.

¿Qué es caos, amor mío?
No es libertad.
Es un desorden de meteoros que caen en la nada.

Noche de diciembre

Quítate tu abrigo y tu sombrero
y tus zapatos, y acércate a mi chimenea
donde nunca se sentó mujer.

Avivé el fuego hasta hacerlo brillar,
dejemos lo demás oscuro
y sentémonos cerca de su luz.

El vino se ha calentado en la chimenea,
las llamas vienen y van.
Calentaré tus miembros con besos
hasta que resplandezcan.

Víspera de Año Nuevo

Dos cosas solamente hay ahora,
la gran noche excavada
y el resplandor de este fuego.

El resplandor, el centro del fruto,
y nosotros, los dos granos
maduros, que se guardan en reserva.

Oye, la oscuridad suena
al girar en torno a nuestro fuego.
Desvístete.

¡Tus hombros, tu garganta maltratada!
¡Tus pechos, tu desnudez!
¡Tu manto llameante!

La oscuridad sube y se hunde,
la luz del fuego baja y salta
de tus pies a tus labios.

Noche de Año Nuevo

Ahora eres mía, esta noche al fin lo digo;
eres una paloma que he comprado para el sacrificio,
y esta noche la inmolo.

¡Aquí en mis brazos mi desnudo sacrificio!
Muerte, me oyes, en mis brazos llevo
mi ofrenda, comprada a un alto precio.

Ella es una paloma de plata de más valor que todo
cuanto tengo.
Ahora se la ofrezco al antiguo, al inexorable Dios
que no me conoce.

¡Mira, es una paloma maravillosa, sin mancha ni de-
fecto!
Lo sacrifico todo a ella, todo lo que me queda del mundo,
orgullo, fuerza, todo.

¡Todo, todo sobre el altar! Y la muerte se precipita
como un halcón. Dios ha tomado la víctima;
he conquistado mi gloria.

Mañana de primavera

¡Mira por la puerta abierta
un almendro
encendido de flores!
    —No volvamos a pelear.

Entre el rosa y azul
del cielo y las flores del almendro
un gorrión revolotea.
    —Lo hemos logrado.

¡Es realmente primavera! Míralo cómo
cuando se cree solo
intimida las flores.
    —¡Tú y yo,

qué dichosos seremos! ¿Lo ves?
Golpea el copete de las flores
el muy descarado.
    —Pero ¿soñabas

que sería tan amargo? No importa,
terminó, la primavera está aquí.
Y vamos hacia la dicha del verano
      y la suavidad del verano.

Hemos muerto, hemos destruido y nos han destruido,
no somos ya los que éramos.
Me siento nuevo y deseoso
      de recomenzar.

Es magnífico vivir y olvidar.
Y sentirse totalmente nuevo.
¿Ves el pájaro entre las flores?
      ¡Qué desatado!

Cree que todo el cielo azul
es mucho menos que el huevecillo azul
que tiene en su nido –seremos felices
      tú y yo, yo y tú.

Sin motivo para pelear más
–al menos entre nosotros dos.
¡Mira qué espléndido es el mundo
      detrás de la puerta!

San Gaudenzio

Noche de San Valentín

¡Tú, sombra y llama,
tú, intercambio,
tú, muerte en el juego!

Ahora te recojo,
ahora te vuelvo a poner
como una amapola en su jarrón.

Y así, eres una doncella
otra vez, querida, pero nueva,
valiente.

¡Mi amor, mi flor, una niña
casi! La flor en el capullo
de nuevo, intacta.

Y, sin embargo, mujer, que lo conoce
todo, el bien, el mal, ambos
abriéndose en una sola floración.

de
Pensamientos

(1929)

Prefacio

Estos poemas se llaman *Pansies* [Pensamientos] porque son *Pensées* más que cualquier otra cosa. Pascal o La Bruyère escribieron sus *Pensées* en prosa, pero siempre he creído que un pensamiento real, no una argumentación, solo puede existir en verso o en alguna forma poética. Hay un elemento didáctico en los pensamientos en prosa que los hace repugnantes y ligeramente intimidatorios. «Quien tiene mujer e hijos ha dado rehenes a la fortuna». Este es un pensamiento bien expresado; pero inmediatamente irrita por su segura afirmatividad. Se aplica de manera demasiado directa a la realidad práctica de la vida. Si fuera presentado en poesía resultaría prácticamente menos regañón. No queremos que nos regañen.

Así pues, desearía que estos *Pansies* fuesen recibidos como pensamientos más que como cualquier otra cosa; pensamientos fortuitos que son verdaderos e inoportunos cuando el humor y la circunstancia cambian. Me gustaría que fuesen tan fugaces como las propias flores que llamamos pensamientos [*pansies*], que se marchitan tan pronto y cuya variedad de aspecto es tan fascinante mientras duran. Y las flores, me parece, no son meramente bonitas-bonitas. Llevan en su fragancia la terrenalidad del humus y de la tierra corruptiva de donde brotan. Y los pensamientos, con sus caras rayadas, nos recuerdan tantas otras cosas que ya no son pensamientos. [...]

En todo caso, ofrezco un manojo de pensamientos, no una corona de *immortelles* siemprevivas. No quiero flores eternas, y no quiero ofrecérselas a nadie. Una flor pasa, y eso es tal vez lo mejor de ella. Si podemos asirla en su fugacidad, su aliento, su aspecto tal vez mefistofélico, tal vez de Ofelia pálida, la impresión que da, el gesto de su cabal florecer y la manera como se despide de nosotros –eso era la flor, la tuvimos, y ninguna *immortelle* puede darnos algo que se le compare. Así pasa con los poemas pensamientos [*pansy poems*]; son el aliento de un instante, y un instante eterno contradice el próximo instante eterno. Pero no los claven. Así no los conservarán más.

D. H. LAWRENCE
Bandol, marzo de 1929

Emociones cerebrales

Estoy harto de las emociones cerebrales de la gente
nacidas en sus mentes y forzadas por la voluntad
a sus pobres cuerpos en desorden.

Gentes sintiendo cosas que piensan sentir, que tienen la
   intención de sentir,
ellas *quieren* sentir,
precisamente porque no las sienten.

Pues claro, si uno en realidad siente algo
no necesita afirmar que lo siente.

A las mujeres, por lo que a mí respecta

Los sentimientos que no tengo, no los tengo.
Los sentimientos que no tengo, no diré que los tengo.
Los sentimientos que uno dice que tiene, no los tiene.
Los sentimientos que te gustaría que ambos tuviéramos, ninguno de los dos los tenemos.
Los sentimientos que la gente debe tener, nunca los tiene.
Si la gente dice que tiene sentimientos, usted puede estar seguro de que no los tiene.

Si quieres, pues, que tú o yo sintamos algo
es mejor que abandones toda idea de sentimientos.

Vacío

Ahora estoy vacío, y lo reconozco.
En cuanto a sentimiento, precisamente estoy vacío.
Mi mente está bastante ágil, no vacía.
A mi cuerpo le gusta su comida y el cálido sol, pero de
    resto está vacío.
Mi alma está casi vacía, mi espíritu completamente.
Tengo cierta cantidad de dinero, de manera que estoy
    vacío de preocupaciones.
Y no puedo hacer nada al respecto, aun en esto estoy
    vacío.
De manera que voy a seguir así, hasta que algo me sa-
    cuda desde adentro
y me haga saber que ya no estoy vacío.

Coraje

Lo que hace a la gente descontenta
es que acepta mentiras.

Si tuviera coraje y rechazara las mentiras
y descubriera lo que realmente siente y quiere
y actuara en consecuencia,

de cada experiencia extraería el aceite esencial
y como avellanas en otoño, al fin
serían dulces y sólidas.

Y los jóvenes entre los viejos
andarán como en los bosques de avellanos en septiembre
recogiendo nueces de madura experiencia.

En vez de eso, lo más que los viejos pueden ofrecer
son frutos ácidos, amargos, carcomidos por mentiras.

El deseo está muerto

El deseo puede estar muerto
y sin embargo ser el hombre
un lugar de encuentro para el sol y la lluvia,
pudiendo la maravilla más que el dolor
como en un árbol en el invierno.

Elemental

¿Por qué la gente no deja de ser amable
o de pensar que es amable o de querer ser amable
y se hace más bien un poco elemental?

Pues el hombre está hecho de elementos.
Fuego, y lluvia, y aire, y viviente marga
y nada de esto es amable
sino elemental,
el hombre está desviado del lado de los ángeles.

Yo quisiera que los hombres regresaran a su equilibrio
    entre los elementos
y fueran un poco más fogosos, tan incapaces de mentir
como lo es el fuego.

Quisiera que fuesen leales hacia sus propias variacio-
    nes, como lo es el agua,
que atraviesa todos los estados de vapor y torrentada y
    hielo
sin perder la cabeza.

Estoy cansado de la gente amable,
de algún modo son una mentira.

El hombre llega a un punto

Únicamente puedo estar solo
pues el deseo ha muerto en mí, el silencio ha crecido,
y nada en mí se tiende para atraer
otra carne a la mía.

¡Basta!

Cuando un hombre no puede amar más
ni sentir más
y el deseo está muerto
y el corazón entumecido

entonces lo más que puede
hacer es decir: ¡así es!
Tengo que sobrellevarlo
y esperar.

Es una pausa, ignoro cuán larga,
en mi propio ser.

Tragedia

La tragedia me parece un gran ruido
más fuerte de lo que conviene.

La tragedia se me hace como un hombre
enamorado de su propia derrota.
Que es solo una manera inelegante de enamorarse de sí
   mismo.

No me importan mucho las aflicciones e infortunios
de Lear y Macbeth y Hamlet y Timón:
les importaban tan excesivamente ellos mismos.

Y cuando pienso en la gran tragedia de nuestra civiliza-
   ción material mecánica
aplastando la vida humana natural
a veces me siento derrotado; y entonces de nuevo sé
que mi pobre pequeña derrota no me hará ningún bien
   a mí
ni a nadie.

Después de todo las tragedias terminaron

Después de todo las tragedias terminaron y se consu-
    mieron
y un hombre ya no puede sentirse heroico siendo un
    Hamlet.

Cuando el amor se ha ido y el deseo ha muerto y la
    tragedia ha dejado el corazón
entonces la congoja y la pena también se van, se retiran
del corazón dejando extraños, fríos trechos de arena.

Así un hombre ya no conoce su propio corazón;
podría decir en el crepúsculo: ¿qué es esto?
Yo estoy aquí, y sin embargo mi corazón está despoja-
    do y totalmente vacío.
No existo, no siento nada.
Soy insignificante.

Con todo, cuando ha llegado la hora de ser nada, ¡qué
    bueno es no ser nada!,
una baldía extensión de nada, como playas donde no
    queda una onda

y el mar se ha retirado
en el intervalo de la más baja marea.

¡Ah, cuando me he visto dejado por la vida, hecho nada!

Pero las inútiles y grises playas, la arena y la triste arci-
   lla que se pierde lejos
siguen siendo lecho de mar durante su hora de despro-
   vista desnudez.
Es la luna la que hace volver la marea.
Las playas no pueden hacer nada.

Nulo

Sé que soy nada.
La vida se ha ido por debajo de mi límite de baja marea.

Me doy cuenta de que no siento nada, ni en la aurora.
La aurora asciende con un resplandor y un azul, y yo
    digo: ¡Qué bella!
Pero soy un embustero, no siento ninguna belleza; un
    comentario mental, un cliché.
Mi conciencia toda es cliché
y yo soy nadie.
Existo como organismo
y nulidad.

Pero no puedo hacer nada al respecto
salvo admitirlo y dejar eso a la luna.

Se dice que hay pausas creadoras,
pausas como la muerte, vacías y muertas como la
    muerte misma.
Y en estas tremendas pausas tiene lugar el cambio evo-
    lutivo.

Tal vez es así.

La tragedia ha terminado, ha dejado de ser trágica, la última pausa se cierne sobre nosotros.

¡Pausa, hermanos, pausa!

Dies Irae

Hasta las viejas emociones terminaron,
las hemos agotado.
Y el deseo está muerto
y el fin de todo está dentro de nosotros.

Nuestra época terminó,
un ciclo ha concluido.
Nuestra actividad perdió su significado,
somos fantasmas, somos semillas,
pues nuestra palabra está muerta
y no sabemos cómo vivir sin palabras.

Vivimos en una casa inmensa
llena de actividades desordenadas
y el ruido y el hedor y la tristeza y la falta de sentido
nos enloquecen, pero no sabemos qué hacer.

Todo lo que podemos conocer en este momento
es la plenitud de la nada.
Miren. ¡Soy nada!

Es una consumación que se ha de desear devotamente en este mundo de mecánica autoaserción.

La muerte de nuestra era

Nuestra era está muriendo.
Pero ¿quién la mató?
¿Nosotros, quién?

En medio del espacio
se han oído los dobles,
y en medio de cada átomo, que es lo mismo,
una pequeñísima campanada final ha sonado.

El toque de queda de nuestro gran día,
el tañido fúnebre de nuestro modo de conocer,
el toque de difuntos de nuestra rala conciencia,
el toque a rebato de nuestra civilización.

¿Quién golpeó la campana?
¿Quién tocó dobles?
No yo ni tú,
sino todos nosotros.

En el corazón del espacio el toque final
de nuestra era ha sonado y repica

en terribles círculos que se rizan entre las estrellas
hasta que nos alcanza, y sus vibraciones nos hacen
pedazos cuando nos tocan.

Y siguen llegando, golpeándonos con mayor fuerza
las vibraciones de nuestro final.

Y todo lo que podemos hacer
es morir de la asombrosa muerte
con cada golpe, y continuar
hasta ser anulados.

Y, sin embargo, mientras morimos, por qué no muere
    con nosotros nuestro vasto mundo mecanizado,
de modo que, cuando resucitemos, nazcamos a un mun-
    do fresco.

Pues la nueva palabra es Resurrección.

La nueva palabra

¿Debo decirte otra vez la nueva palabra,
la nueva palabra del día que no ha nacido?
Es Resurrección.
La resurrección de la carne.

Pues nuestra carne está muerta.
Solo egoístamente nos afirmamos.

Y la nueva palabra nada significa para nosotros,
es una palabra tan vieja,
hasta que reconozcamos cuán muertos estamos,
hasta que realmente nos sintamos tan vacíos como en
    verdad lo estamos.

Quedarnos quietos

Lo único que podemos hacer ahora,
ahora cuando las olas de nuestra ruina comienzan a
    golpearnos,
es contenernos.

Quedarnos quietos y dejar ir el naufragio que somos,
que todo se vaya mientras las olas nos hacen pedazos,
pero quedarnos quietos, y proteger
el mínimo grano de eso que ninguna ola puede llevarse,
ni aun la ola más masiva del destino.

Entre todos los despedazados restos de mí mismo,
quedarme quieto y esperar.
Porque la palabra es resurrección.
Y hasta el mar de los mares deberá restituir sus muertos.

El universo cuerdo

Uno podría hablar de la cordura del átomo,
la cordura del espacio,
la cordura del electrón,
la cordura del agua,
pues todo está vivo
y tiene algo comparable a eso que llamamos cordura en
    nosotros mismos.
La sola unidad es la unidad de la cordura.

Triunfo

Me parece que durante cinco mil años por lo menos
los hombres han querido triunfar, triunfar, triunfar,
triunfar sobre sus semejantes, triunfar sobre obstácu-
   los, triunfar sobre el mal,
hasta que ahora la palabra misma es asqueante, no la
   podemos oír más.

Si miráramos en nuestros corazones, veríamos
que detestamos la idea de triunfo,
estamos hartos de eso.

Estar vivo

La única razón para vivir es estar completamente vivo
y usted no puede estarlo si lo aplasta un temor secreto
y está tiranizado por la amenaza: ¡consiga dinero, o
   coma inmundicia!,
y forzado a hacer mil cosas más mezquinas que su na-
   turaleza,
y forzado a aferrarse a posesiones con la esperanza de
   que lo harán sentirse a salvo,
y forzado a vigilar a quien se le acerque, por temor de
   ser embaucado.

Sin un poco de confianza mutua no podemos vivir.
Al final, enloquecemos.
Ser más mezquinos de lo que somos es el castigo por el
   miedo y la mezquindad.

Para estar vivo, usted tiene que sentir un generoso flujo,
y bajo un sistema competitivo eso es imposible, real-
   mente.
El mundo está en espera de un nuevo gran movimiento
   de generosidad

o una gran ola de muerte.

Debemos cambiar el sistema y hacer libre el vivir para todos los hombres,

o veremos morir a los hombres y moriremos nosotros también.

El espíritu combativo

En realidad, somos mejores de lo que sabemos.
Seguimos a rastras una interminable tradición de combate, triunfo, conquista,
y sentimos que debemos mantenerla, seguir combatiendo, triunfando, conquistando,
cuando en realidad la idea de esta infinita lucha imbécil
nos mata, nos da una náusea mortal.
Estamos hartos de combate.
Sentimos que si todo el sistema de combativa competitividad no revienta pronto
reventaremos nosotros.
Queremos un mundo nuevo de salvaje paz, donde el vivir sea libre.

No esta paz de hiena amansada donde ningún hombre se atreve a decirle a otro que es ladrón
y sin embargo cada hombre es empujado a robar a cada hombre;
esta linda paz en la que cada hombre tiene que luchar, y luchar sucio,
para lograr un medio de vida en el vil combate

que llamamos libre competencia y empresa individual
y justa oportunidad.
¿Por qué tenemos que luchar por un medio de vida?
Un medio de vida debería ser tan libre para un hombre
como para un pájaro,
aunque la mayoría de los pájaros tienen que pagar, con
sus vidas, donde están los hombres.

¿Por qué debemos animarnos con la mezquina emu-
lación?
Si nos animamos debería ser por algo que queremos
hacer
y sentimos que es digno de hacerse.
Los esfuerzos de los hombres, como los esfuerzos de
los pájaros de primavera,
serían encantadores si surgieran del hombre mismo,
puro
impulso espontáneo para hacer algo, para producir
aunque sea una olla.

Veo al latonero, sentado día tras día en un banco
reparando y soldando las ollas de toda la aldea
y feliz como un aguzanieves junto a un estanque,
como también a los pescadores sentados remendando
sus redes,

felices como también eran los reyes, que ciertamente ya
no lo son.
El trabajo es la clave en la vida de un hombre.
Pero debe ser trabajo libre, no hecho solo por dinero,
sino por diversión.

¿Por qué debemos competir unos con otros?
En realidad, cuando el latonero se ve tan feliz en su
labor
inmediatamente quiero ponerme a hacer algo alegre
también.
Una actividad libre y gozosa alienta otra.
Los hombres no son realmente mezquinos.
Los vuelve mezquinos el miedo y el sistema de rebatiña.

Los jóvenes saben bien estas cosas.
¿Por qué no se preparan para reaccionar frente a ellas?
Entonces serían felices. Pues somos mucho mejores de
lo que nos permite el sistema.

Un hombre

Lo que me importa en un hombre
es aquella inquebrantable chispa interior
donde es él mismo
intrépidamente.

Y todo lo que quiero es ver la chispa centellando
vívida y limpia.

Pero ¡ay! nuestra civilización
la aplasta sin piedad
y deja la viviente arcilla del hombre.

Porque cuando la chispa es destruida en él
no puede evitar ser un esclavo, un esclavo con salario,
un esclavo del dinero.

Inmoralidad

Solo es inmoral
estar muerto-vivo,
con el sol extinto en nosotros
y atareados apagando el sol
en otros hombres.

Imagen de hombre

¡Lástima que cuando un hombre se ve en un espejo
no se ladre a sí mismo, como hace un perro,
o se eriza de furiosa indignación, como un gato!

¡Lástima que se vea tan maravilloso,
un poquito menos que los ángeles,
y tan interesante!

Cobardes

En toda la creación, solo el hombre se acobarda y le
    teme a la vida.
Solo a él lo aterra su propio posible esplendor y deleite.
Solo él se angustia hasta la agonía ante la necesidad de
    ser algo mejor de lo que es,
pobre gusano mental.

Aunque tal vez al mamut le crecieron muchos colmillos
    y dientes
y al gigante alce extinto los cuernos
por miedo de un desconocido enemigo;
quizá ellos también murieron de miedo,
como le sucederá probablemente al hombre.

La vieja, vieja historia de la libertad

Los hombres luchan por la libertad y la ganan con duros golpes.
Sus hijos, criados en la facilidad, se la dejan arrebatar, pobres idiotas.
Y sus nietos vuelven a ser esclavos.

Volcánica Venus

¿Qué ha pasado en el mundo?
Las mujeres son como pequeños volcanes,
todos más o menos en erupción.

Es muy enervante moverse en un mundo de humeantes
   volcanes.
Dormir con un pequeño Vesubio es algo que más bien
   nos agita.

Y agotador penetrar el cráter de lava de una pequeña
   Ixtaccihuatl
y nunca saber uno cuándo provocará un terremoto.

No es nada bueno

No es nada bueno, las mujeres están en erupción
y aquellas que han sido buenas
ahora comienzan a humear siniestramente
y si pasan de cuarenta y cinco lanzan grandes piedras al
    aire
y es probable que te golpeen en la cabeza mientras te
    sientas
en las faldas mismas de la montaña matrimonial
donde te has sentado pacíficamente todos estos años.

La venganza es mía, dijo el Señor,
pero las mujeres son mis favoritos vasos de cólera.

Conócete a ti mismo y comprende
que eres mortal

Si quieres conocerte a ti mismo
tienes que marchar a tu paso.
Tu yo se adelanta, y no es hoy lo que era ayer;
y debes correr para mantenerte a su lado.

Pero a veces nos adelantamos mucho
corriendo tras uno de nuestros fantasmas.
Y eso es lo que hemos hecho hoy.

Nos creemos tan inteligentes fulanitos
con nuestros agudos ojillos y nuestras máquinas de
    alto poder
que nos hacen andar más rápido de lo que nuestros
    pies pueden llevarnos.

Cuando ¡ay! es solo parte de nuestro pequeño yo lo
    que se adelanta.
Algo es dejado atrás, perdido y aullando, y nosotros lo
    sabemos.

Ah, ingenioso Odiseo que le ganaste en astucia al cíclope
y le cegaste su gran ojo,
apagaste una luz de conciencia y dejaste un ciego bruto.

Ingeniosas hormiguitas con anteojos, eso somos,
representando nuestras bufonadas.

Pero también somos, y necesitamos saberlo,
enormes brutos con nuestro ojo ciclópeo apagado.

Y todavía sangramos, y andamos a tientas y rugimos;
pues anteojos y ojos de hormiga protuberantes e inge-
    niosos no le sirven al cíclope,
él quiere su enorme ojo maravillado, el ojo de la caver-
    na y el portento.

Como hormiguitas sociales quizá funcionamos muy
    bien.
¡Pero, ay, nuestras vidas humanas, los ciegos cíclopes
    que somos!
Nos golpeamos contra rocas que no vemos, nos destro-
    zamos la cabeza contra el techo
de la antigua caverna, nos despedazamos los unos a los
    otros,
desgarramos mutuamente nuestros sentimientos,

pisoteamos y enlodamos nuestras más delicadas emo-
ciones
y sin saber nunca lo que hacemos, rugiendo ciegos de
pena y consternación.

Ah, cíclopes, los hombrecitos-hormiga no pueden ilu-
minarlos
con sus ojillos protuberantes como linterna de policía.
Necesitan su gran ojo atónito que fulgura lleno de ins-
tinto en la caverna
y destella sobre el mundo con la visión cálida y oscura
de la intuición.

Aun nuestros brillantes jóvenes intelectuales
son también pobres cíclopes ciegos que gimen
heridos en su ser instintivo y emocional
y lloran como cachorros ciegos, por la pérdida
de su mutilado ojo ciclópeo.

de *Últimos poemas
y más pensamientos*

(1932)

Los egoístas

La única pregunta que debe hacerse, sobre hombre o
    mujer,
es: ¿ha roto ella la cáscara de su ego?,
¿ha roto él la cáscara de su propio ego?

Todos son huevos ambulantes
que van chillando, chillando: «Soy todo para mí,
pero no puedo estar solo, necesito a alguien que me dé
    calor».

Los desarraigados

Quienes se quejan de su soledad deben haber perdido algo,
perdido alguna conexión viviente con el cosmos, fuera de ellos,
perdido su fluir vital,
como planta a la que han cortado las raíces.
Y están llorando como plantas a las que han cortado la raíz.
Pero la presencia de otras personas no les dará una nueva conexión con las raíces.
Solo les hará olvidar.
Deberían lenta y laboriosamente, en soledad, echar nuevas raíces
en lo desconocido, y arraigarse.

Amistad repudiada

Me dijo: tu vida será más pobre
puesto que rehúsas mi amistad.

Pero yo, francamente, no sé lo que él quiere decir.
No veo que yo rehúse nada.
Me gusta. ¿Qué más?

Grados de iniciación

Ningún hombre, a menos que haya muerto y aprendi-
do a estar solo,
entrará en contacto.

Almas infelices

Las almas infelices son aquellas que no pueden morir y
    volverse silenciosas,
sino luchar siempre por afirmarse.

Vida plena

Un hombre no puede vivir plenamente si no muere y
   deja de preocuparse,
deja de preocuparse.

Inexistencia

No existimos si no estamos profunda y sensualmente
   en contacto
con aquello que puede ser tocado, pero no conocido.

Omnisciente

Todo lo que sabemos es nada, somos simples papeleras
   atestadas
a menos que entremos en contacto con lo que se ríe de
   todo lo que sabemos.

Hombres y mujeres

Toda esa chachara sobre la igualdad sexual es una expresión de odio al sexo.
Los hombres y las mujeres deben aprender ternura recíproca
y dejarse solos entre sí.

La mujer dominante

Las mujeres dominantes son por lo general tan sutil y
    diabólicamente dominantes
que la juventud de su propio sexo se revela por fin con-
    tra ellas
y se vuelve una vez más hacia los hombres –Perseo, San
    Jorge– para salvarse
del dragón de la mujer moderna.

Dios y el Espíritu Santo

No hay pecado contra Dios, ¿qué le importa a Dios el
    pecado?
Pero existe el pecado contra el Espíritu Santo, pues el
    Espíritu Santo está con nosotros
en la carne, es parte de nuestra conciencia.

El Espíritu Santo es la parte más profunda de nuestra
    propia conciencia
donde nos conocemos como lo que somos
y conocemos nuestra dependencia del más allá creador.

De modo que si vamos contra nuestra más profunda
    conciencia
naturalmente destruimos en nosotros nuestro yo más
    esencial,
y una vez destruido, no hay remedio, ninguna salvación,
nos anulamos.

Curación

Yo no soy un mecanismo, un conjunto de varias partes,
y no es porque el mecanismo funcione mal que estoy
   enfermo.
Lo estoy por heridas hechas al alma, al profundo yo
   emocional,
y esas heridas requieren mucho, mucho tiempo; solo el
   tiempo puede ayudar
y paciencia, y cierto difícil arrepentimiento,
largo y difícil arrepentimiento, darse cuenta del error
   de la vida y liberarse uno mismo
de la interminable repetición del error
que la humanidad ha decidido santificar.

Reverencia absoluta

No siento reverencia absoluta hacia nadie o hacia nada
   humano
ni hacia personas, cosas o ideas, ideales, religiones e
   instituciones,
hacia estas cosas siento solo respeto, y un tinte de reve-
   rencia
cuando veo en ellas un palpitar de vida.

Pero hacia algo jamás visto, desconocido, creador,
de lo cual provengo
siento absoluta reverencia. Y callemos.

Fe

Por siempre sin nombre,
por siempre desconocido,
por siempre inconcebido,
por siempre irrepresentado,
mas por siempre sentido en el alma.

Árboles en el jardín

Ah, en el aire borrascoso
¡qué tranquilos están los árboles!

Y el árbol de lima, amable y alto, cada hoja silenciosa
apenas larga un último hálito de perfume.

Y el pequeño árbol, fantasmal, color crema de hojas
blancas como marfil entre los errabundos verdores
¡qué evanescente!, el jaspeado saúco titubea sobre la
    verde hierba
como si en algún momento fuese a desaparecer
con toda su gracia de espuma.

Y el alerce que es solo una columna se eleva demasiado
    a la vista;
y los pinos de bálsamo que son azules con el azul-gris
    de las cosas marinas.
Y la joven haya de hojas rojizas en los bordes,
qué tranquilos están todos juntos, parados tan tranquilos
en el aire borrascoso, extraños entre sí

mientras la verde hierba brilla hacia lo alto, extraños
en el jardín silencioso.

Lichtental

Revolución en cuanto tal

Es bastante curioso que las revoluciones sean hechas
    por autómatas.
Los hombres en verdad vivientes nunca las hacen,
no pueden, la vida significa demasiado para ellos.

Sentimientos de autómata

Es curioso también que el hombre moderno de la calle
aunque es un autómata y no puede amar
es capaz de un odio infinito, demoledor, destructivo,
el único sentimiento fuerte que le es posible poseer,
y ahí está el peligro de la democracia de los autómatas
    y de los hombres de la calle,
se mueven en medio de una gran tensión de odio, lenta
    pero inevitablemente.

¿Qué son los dioses?

¿Qué son los dioses, pues, qué son los dioses?

Los dioses no tienen nombre ni imagen.
Pero mirando un enorme tilo de verano
de repente vi hondo en los ojos de los dioses:
es suficiente.

¡Los dioses, los dioses!

La gente se bañaba y tomaba posturas en la playa.
¡Y todo era desolado! Grandes miembros de autóma-
  tas, pechos de autómatas,
voces de autómatas, hasta las sombrillas alegres eran
  autómatas.

Pero una mujer tímida y sola estaba lavándose bajo un
  grifo
y el resplandor de la presencia de los dioses era como
  lirios
y como nenúfares.

La más profunda sensualidad

La más profunda de todas las sensualidades
es el sentido de la verdad
y la segunda experiencia sensual más profunda
es el sentido de la justicia.

Satisfacción

La profunda experiencia sensual de la verdad, sí,
solo *esa* nos satisface a la postre.

Veneno

Lo que ha matado a la humanidad –porque el grueso
   de la humanidad está muerto– es la mentira;
la mentirosa afectación de parecer sentir lo que no sen-
   timos.

Mandamientos

Cuando Jesús nos mandó a amar a nuestro prójimo
nos forzó a vivir una gran mentira, o a desobedecer,
pues no podemos amar a nadie, prójimo o no, median-
    te una orden,
y el amor falso ha podrido nuestra médula.

Oigan la banda

Hay una banda tocando temprano en la noche,
pero son solo hombres infelices que hacen ruido
para ahogar su cacofonía interior, y la nuestra.

Una pequeña luna, muy serena, pende y se canta a sí
    misma
a través de la noche
y la música de los hombres es como un ratón royendo,
royendo una trampa de madera, que lo aprisiona.

El rostro humano

Hoy difícilmente tiene un rostro humano
la desconcertante luz o el extraño resplandor de los
  dioses
en él, o en torno suyo.

Ahora hasta del rostro de los niños
se quitó aquel relucir, aquella integridad sin intención,
y están armados de astucia, y mordidos
por conocer cosas que nunca serán admitidas,
hasta el hecho del nacimiento: aun los más pequeños.

Holbein y Tiziano y Tintoretto no podrían pintar ros-
  tros ahora,
porque aquellos rostros eran ventanas hacia los hori-
  zontes extraños, hasta el de Enrique VIII;
mientras que los rostros hoy son muecas humanas
con ojos como el interior de cuartos cerrados, sofocan-
  tes, amueblados.

Niños que cantan en una escuela

Los escolares están cantando en clase
y ¡qué horrible concatenación de sonidos!
No tienen canción en sus almas, ninguna en sus espí-
    ritus,
tampoco en sus pequeñas gargantas o en sus cuerpos
    de alumnos;
solo los hacen emitir estos sonidos de rueda dentada
que pretenden ser la vieja canción popular «La feria de
    la fresa».

Carrera y batalla

La carrera no es para los más veloces,
sino para los que pueden sentarse quietos
y dejar que la ola les pase por encima.

La batalla no es para el fuerte
sino para el débil, que sabe mejor
cómo borrarse
para salvar la flor veteada del corazón de ser lanzada al
    lodo.

Nada que salvar

No hay nada que salvar, todo está perdido ahora
excepto un minúsculo centro de quietud en el corazón
como el ojo de una violeta.

Las colinas

Levanto mis ojos hacia las colinas
y ahí están, pero ninguna fuerza viene de ellas hacia mí.

Solo de la oscuridad
y dejando de ver
viene la fuerza.

Buscadores

Oh, buscadores, cuando dejen de buscar
percibirán que nada había que buscar.

Solo buscaban perder algo,
no encontrar algo,
cuando salieron tan vigorosamente en búsqueda.

En busca de amor

Aquellos que andan en busca de amor
solo manifiestan su falta de amor,

y los desamorados nunca lo hallan,
solo los que aman lo encuentran
y nunca tienen que buscarlo.

Búsqueda de la verdad

No busques nada, nada
que no sea la verdad.
Quédate muy quieto y trata de llegar a la verdad.

Y la primera pregunta que debes hacerte es:
¿hasta qué punto soy yo un gran mentiroso?

Mentiras sobre el amor

Todos somos mentirosos, porque
la verdad de ayer se vuelve mentira mañana,
mientras que las letras son fijas
y vivimos según la letra de la verdad.
El amor que siento por mi amigo, este año,
es diferente del que sentía el año pasado.
Si no fuese así, sería mentira.
Pero repetimos ¡amor! ¡amor!
como si fuera una moneda de valor estable,
en vez de una flor que muere y da nacimiento a un nue-
    vo capullo.

Escogencia de males

Si tengo que escoger entre el burgués y el bolchevique
escojo al burgués:
me molestará menos.

Pero al escoger al burgués uno produce
inevitablemente al bolchevique.
Porque el burgués es la causa directa del bolchevique,
como una media mentira engendra la inmediata con-
   tradicción de la otra media mentira.

Minorías en peligro

Ahora es el momento de que las minorías de los hom-
    bres,
aquellos que no son ni burgueses ni bolcheviques, sino
    vida real,
se unan y fortalezcan, en cada clase, cada país, cada
    raza.

En vez de eso, las minorías que aún ven el resplandor
    de la vida
se someten abyectamente a la corriente mecánica de
    esos horrores,
los ciegos burgueses y los ciegos bolcheviques,
y los alcahuetean.

El descenso

Ellos temen descender de nuestro idiota cielo de lata
porque no saben qué encontrarán cuando bajen.

No necesitan preocuparse, los más de ellos nunca ba-
   jan en absoluto,
tienen que mantenerse arriba,
y aquellos que sí descienden han de sufrir un cambio de
   sentido
hacia algo nuevo y extraño.

Volverse perceptivos como lo son las hojas
y finos como son finas las flores
y fieros como es fiero el fuego
y sutiles, plateados, tintineantes y rumorosos
como el agua de lluvia
y ser no obstante hombres,
pero que han renacido de la rigidez de las ideas fijas,
resurrectos de la muerte del movimiento y la emoción
   mecánicos.

Vislumbres

¿Para qué sirve un hombre
si no hay vislumbre de un dios en él?

¿Y una mujer para qué sirve
si no tiene vislumbre de alguna diosa?

Hombres como dioses

Cuando los hombres piensan que son como dioses
suelen ser mucho menos que hombres,
tontos fatuos.

Que así sea

¡Oh, si una llama está en ti, que así sea!
Cuando llamea levantándose y oscilando con toda pu-
reza,
libre por un momento de toda vanidad y de toda inten-
ción,
eres por ese momento uno de los dioses, Jesús o Fafnir
o Príapo o Siva.

Vanidad

Es la vanidad lo que nos mata
y nos hace cobardes en vez de dioses.

Bajo el gran mandamiento: ¡conócete a ti mismo, y
sabe que eres mortal!,
nos hemos vuelto autoconscientes, totalmente autoim-
portantes, fatalmente enredados en los laocoónticos
tentáculos de nuestra vanidad.

Ahora tenemos que admitir que *no podemos* conocer-
nos, solo podemos saber acerca de nosotros.
Y yo no estoy ya interesado en saber más acerca de mí.
Solo me enmaraño en ese saber.

Ahora déjenme ser yo mismo,
ahora déjenme ser yo mismo y llamear,
ahora déjenme ser yo mismo, en el ser, uno de los dio-
ses.

El arcoíris

Hasta el arcoíris tiene un cuerpo
hecho con gotas de llovizna
y es una arquitectura de centelleantes átomos
bien construida, bien construida,
sin embargo no puedes ponerle la mano encima,
no, ni siquiera tu mente.

El cosmos errante

Oh, no me digan que los cielos también son una rueda.
Porque cada revolución de la tierra en torno al sol
es un paso adelante, adelante, ignoramos hacia dónde
y no nos importa,
sino un paso adelante en el espacio nunca penetrado,
pues la tierra y también el sol son errantes.
Cada una de sus vueltas es un paso
adelante, no sabemos hacia dónde,
pero adelante, adelante, pues los cielos son errabundos,
la luna y la tierra, el sol, Saturno y Betelgeuse, Vega
y Sirio y Altair,
erran por misteriosas y distintas rutas celestes
detrás de Venus y Urano y los signos.

Pues la vida es un ir errando, no sabemos hacia dónde,
   pero yendo.

Solo la rueda gira, pero nunca erra.
Se mantiene alrededor de su centro.

Olvidar

Poder olvidar es poder ceder
ante Dios que mora en el olvido profundo.
Solo en el puro olvido estamos con Dios.
Pues cuando sabemos completamente, hemos dejado
    de saber.

Cambio

¿Tú crees que es fácil cambiar?
Ah, es muy arduo cambiar y ser diferente,
significa atravesar las aguas del olvido.

El beso y la horrible contienda

He sido derrotado y abatido por el dolor
y vencido por el alma diabólica del mundo de hoy.

Pero aún sé que la vida es para el goce
y para la dicha
como ahora cuando las pequeñas olas del mar
golpean suavemente con su borde la luz de la mañana y
   la derraman con deleite
mostrando cuán inagotable es.

Y la vida es para el goce y la dicha
como ahora cuando el sol blanco besa el mar
y juega con las olas como una pantera con sus cacho-
   rros
dándoles delicadamente golpes
que son caricias,
besos de sus redondas garras, que guardan las uñas.

Y la vida es para el horror,
para la condena que todo lo entenebrece, y los Separa-
   dores

que nos dividen unos de otros
y nos despojan y nos destruyen y nos deshacen
como la alta dedalera y el verbasco y las malvas
son derribadas por el desmembrador otoño
hasta barrer todo vestigio, y en el sombrío invierno no
    queda traza
de esas flores;
y sin embargo las raíces bajo la negrura están intactas:
los Tronantes y los Separadores tienen su plazo,
su límite, su hasta aquí y no más allá.

La vida es para el beso y para la horrible contienda.
La vida es para los ángeles y los Separadores,
la vida es para los daimones y los demonios,
para aquellos que ponen miel en nuestros labios y para
    aquellos que ponen sal.
Pero la vida no es
para la muerta vanidad, ni para la vacua
y fría superioridad, ni para la estúpida
presunción de ser inmune,
ni para la puerilidad de las contradicciones
como decir que la nieve es negra o que el deseo es el
    mal.

La vida es para el beso y la horrible contienda,
para los ángeles y los Separadores.

Y quizás en la desconocida muerte conoceremos
la unión y la equilibrada inmunidad.
Pero ¿por qué entonces debemos morir mientras pode-
    mos vivir?
Y mientras vivimos
el beso y la comunión no pueden cesar
ni tampoco aún la lucha y la horrible contienda.

Saber todo

El hombre no sabe nada
hasta que no sabe cómo no saber.

Y el más grande de los maestros te dirá:
El final de todo conocimiento es el olvido.
Dulce, oscuro olvido, cuando
hasta yo mismo ceso y soy consumado.

Templos

Oh, lo que nosotros queremos en la tierra
son centros de silencio y olvido aquí y allá
donde podamos dejar de conocer, y hasta donde yo sé,
dejar de ser
en la dulce integridad del olvido.

Fénix

¿Estás dispuesto a ser destruido, borrado, cancelado,
   vuelto nada?
¿Estás dispuesto a ser convertido en nada?
¿Abismado en el olvido?

Si no, nunca cambiarás realmente.

El fénix renueva su juventud
solo cuando es quemado, quemado vivo, quemado
hasta ser caliente y lanosa ceniza.
Entonces el pequeño temblor de una nueva ave en el
   nido
con brotes de plumón como ceniza flotante
muestra que está renovando su juventud como el águila,
pájaro inmortal.

Por un momento

Por un momento en la tarde, cuando bajó del tranvía
el joven conductor, con su uniforme azul, olvidado de sí,
y levantó su cara, los ojos azules, para ver la vara eléc-
   trica que él iba a hacer girar,
por un momento, en la amarilla luz del atardecer, él fue
   Jacinto.

En el verde jardín se oscurecía la sombra de la lluvia
   que se avecinaba
y una muchacha corrió rápidamente, riendo, jadeante,
   agarrando de la cuerda
en brazadas la blanca ropa, lanzándola a la cesta
y escapando tan rápida, tan instantánea de la lluvia
que por un momento ella fue Io, la que huyó de Zeus,
   o Dánae.

Cuando yo esperaba sin pensar, sentado a la mesa en la
   terraza del hotel,
vi de repente viniendo hacia mí, encendida y exultante
   de placer,

avanzando con la tranquila rapidez de una nave que
    dirige sus blancas velas hacia el puerto,
la mujer que me busca en el mundo
y por un momento ella fue Isis, resplandeciente por ha-
    ber encontrado a su Osiris.

Por un momento, cuando me miró a través de sus ante-
    ojos,
pensativo, pero vehemente, el grueso y sólido italiano
    que trabaja conmigo
por un momento fue el Centauro, el sabio Centauro de
    cascos de caballo
en quien puedo confiar.

Autosacrificio

El autosacrificio, después de todo, es una idea equivo-
cada.
No puede ser sino injusto sacrificar
bienestar, sentimientos naturales sanos, instintos, pa-
siones o deseos,
así como no puede ser sino injusto cortar el cuello
de palomas por Venus o bueyes por Hermes,
si es solo en Venus o Hermes que usted está pensando.

Venus preferiría tener palomas vivas en vez de muertas.
Si quiere hacerle una ofrenda, deje que las palomas
vuelen del altar.

Pero lo que sí podemos sacrificar, si lo llamamos sacri-
ficio, del yo,
son las obstrucciones a la vida, la propia importancia,
la vanidosa autoimagen, la egoísta voluntad
o todas las viejas posesiones que son un impedimento
para la vida,
feos y viejos muebles, feos y viejos libros, feos y viejos
edificios, feo y viejo «arte»,

cualquier cosa que nos pertenece, y es fea y un obstácu-
  lo para el libre movimiento de la vida,
debe sacrificarse a los dioses luminosos y satisfacer el
  instinto destructivo.

Hágase la luz

Si alguna vez hubo un comienzo
no hubo dios en él,
ni Verbo,
ni Voz,
ni Palabra.

No hubo nada que dijera:
¡Hágase la luz!
Toda esa historia del Señor Dios prendiendo el día
es solo fantasiosa vanidad.

¡Solo pretensión humana!
–¿Quién hizo el sol?
–Hijo mío, no puedo mentir,
¡lo hice yo!

¡Abuelo de George Washington!

Todo lo que podemos honestamente imaginar sobre el
  comienzo

es el incomprensible plasma de la vida, de la creación, luchando
y *volviéndose* luz.

No me miren

Queridas, no me miren, solo estoy aterrado ante us-
   tedes.
No sé lo que quieren, pero ciertamente no lo tengo.

No, mi pobre pequeño pene no serviría de nada para
   ustedes,
queridas señoras, no serviría de nada.

Es otra cosa lo que buscan, si pudieran formularla.

En cuanto a engendrar mis niños,
no las insultaría sugiriéndolo.

El hijo del hombre no va más a la guerra,
manda a sus hijas
a coleccionar prepucios.

Pero considero que ya fui bastante circuncidado hace
   tiempo.

Queridas, si quieren que los cielos caigan,

como están fundados en los muchos pilares del falo,
así quizá lo logren.

Índice

Títulos publicados